AF554808

MÉMOIRE

AU CONSEIL D'ÉTAT,

Sur la demande d'interrogatoire et de mise en Jugement de M. DELAVAU, ex-Préfet de Police de Paris, Conseiller d'État, et de M. FRANCHET, ex-Directeur-général de la Police du Royaume, aussi Conseiller d'État.

A raison de leur participation aux excès commis dans les Journées des 19 et 20 Novembre.

Et des réparations dues par ces deux fonctionnaires aux victimes.

Ce Mémoire a été rédigé très-rapidement, après communication d'une partie des pièces de l'instruction, pour ne pas retarder la délibération de la Cour royale.

Si on avait eu toute cette procédure à disposition, les charges qui résultent des pièces sur lesquelles les notes ont été prises, seraient sans doute plus nombreuses.

Le Mémoire a été imprimé pour éclairer la religion des membres du Conseil, sur les bases de la poursuite dirigée contre MM. Delavau et Franchet.

Il sera suivi d'un récit détaillé, et on l'espère complet, de tous les faits qui sortent de cette immense procédure, poursuivie avec tant de célérité par la Cour royale; procédure qui n'est demeurée incomplète que par le refus des fonctionnaires et agens de l'administration, de s'expliquer devant la Justice, et de produire les actes et rapports auxquels ils ont concouru.

Ce Mémoire sera, comme celui-ci, l'ouvrage collectif des défenseurs des parties civiles, MM. Isambert, Ch. Ledru, Lerminier. Ils en rassemblent tous les matériaux.

AU ROI,

EN SON CONSEIL.

REQUÊTE

POUR LE SIEUR DOUEZ.

SIRE,

Le Suppliant est l'une des victimes les plus malheureuses des funestes journées des 19 et 20 novembre. Il a été atteint d'un coup de feu, dans la soirée du 19, rue aux Ours, après avoir courageusement contribué à mettre la force-armée en possession, sans effusion de sang, de la barricade formée dans la rue Saint-Denis, barricade que des malveillans avaient élevée publiquement en présence des nombreux agens de police qui circulaient alors sur la voie publique, et qui, loin de l'empêcher, paraissent, d'après l'instruction, y avoir coopéré. Les agens provocateurs, quels qu'ils soient, ont tous disparu. Il ne reste que des victimes qui ignorent par qui elles ont été frappées.

Il résulte de l'instruction évoquée par la Cour royale de Paris, que la blessure reçue par le Suppliant vient des coups de feu tirés par la gendarmerie à pied, commandée par le comte *d'Aux* (1), lieu-

(1) Sur ce fait, déposent, outre MM. Darrac (8 décembre), le capitaine Mouiller, des lieutenans Siau et Doazan, le 10, Ant. Hayon et Mayer, gendarmes, de la 4e compagnie, Vaucheret, Joseph Martin, Letellier, Theron et Lagier, du détachement du comte d'Aux.

tenant, sur les citoyens paisibles et désarmés de la rue aux Ours, alors qu'il n'y avait aucun rassemblement sur ce point, et uniquement pour satisfaire à l'esprit de vengeance qui les animait contre la population, parce que certaines voix avaient manifesté hautement, lors de l'attaque de la première barricade, la préférence qu'on semblait accorder à l'intervention de la troupe de ligne.

Dans l'impossibilité où se trouve le Suppliant de désigner, parmi des individus revêtus du même uniforme, agissant comme corps armé, l'auteur du coup de feu dont il a été victime, il n'a qu'une chose à établir pour obtenir une réparation, c'est de tirer de l'instruction la preuve que la troupe qui a tiré, était commandée par un chef connu; que ce chef n'était pas en droit d'ordonner le feu, n'y ayant eu ni résistance, ni rassemblement, ni invitation aux citoyens de se retirer; que de nombreux témoins, notamment les officiers du 18e de ligne, en déposent, ainsi que de l'horreur que ces actes leur ont inspiré; que le lieutenant d'Aux reconnaît n'avoir pas fait l'inspection des armes, et n'avoir pas puni ceux qu'il prétend aujourd'hui avoir agi sans ordre. Si le fait dont se plaint le sieur Douez était isolé, on pourrait n'y pas attacher autant d'importance; mais il résulte de l'instruction que la gendarmerie à pied et la gendarmerie à cheval, se sont, dans les soirées des 19 et 20 novembre, livrés à des actes de brutalité, et qu'elles ont commis de coupables excès, sur lesquels déposent le lieutenant du 18e, le sieur Siau, le capitaine Mouiller, et beaucoup d'autres. Près de cinquante personnes en ont été victimes; vingt et une ont rendu plainte ou témoignage devant la justice, et attendent une réparation.

Les gendarmes et leurs chefs ont d'abord tenté de nier les actes dont, éclairés par les discussions publiques et les remords de leur conscience, ils reconnaissaient l'illégalité et la barbarie; mais c'est en vain; plusieurs aveux leur sont échappés à eux-mêmes; quant aux dénégations des chefs et à celles dictées à leurs subordonnés, elles sont contredites si positivement, non seulement par les témoins ordinaires, mais par les officiers et sous officiers de la ligne, qu'il ne restera plus à traiter que la question de responsabilité.

Le lieutenant d'Aux, en supposant (et nous soutenons le contraire), qu'il n'ait pas commandé ces actes, n'a rien fait pour les empêcher; les gendarmes, bien loin d'être punis, ont reçu des gratifications.

Ainsi la vengeance des lois doit les atteindre, et les réparations civiles en doivent être la suite.

La question de responsabilité n'a pas besoin d'être engagée à leur égard devant le Conseil de VOTRE MAJESTÉ, parce qu'il a été reconnu que la gendarmerie et ses chefs, agissant pour un service de police, et non comme faisant partie de l'armée, sont justiciables des tribunaux ordinaires (loi du 28 germinal an 6, et ordonnance du 29 octobre 1820); d'où nous tirons la conséquence que l'autorisation du Conseil de VOTRE MAJESTÉ n'est pas nécessaire; toutefois nous concluons formellement à ce que M. le comte d'Aux, lieutenant commandant les gendarmes à pied, le lieutenant Bidon, commandant les gendarmes à cheval, et le sieur Roeisch, chef d'escadron commandant par intérim, soient mis hors la protection de l'art. 75 de la constitution abrogée de l'an 8, pour répondre à la plainte que nous avons formée contre les auteurs du meurtre tenté sur notre personne (1), plainte sur laquelle nous nous sommes constitués partie civile, et sur laquelle nous fournirons toutes conclusions nouvelles que besoin sera, quand nous aurons une connaissance plus complète de l'instruction.

(1) C'est au moins le cas de l'art. 309 du Code pénal.

Art. 309. — « Sera puni de la peine de la réclusion, tout individu qui aura fait des blessures, « ou porté des coups, s'il est résulté de ces actes de violence, une maladie ou incapacité de tra- « vail personnel pendant plus de 20 jours. »

Nous abordons une deuxième question de responsabilité plus importante.

Il résulte dès à présent à suffire de l'instruction, que M. Delavau, ex-préfet de police, et M. Franchet, ex-directeur-général de la police du royaume, furent avertis, ainsi que le rapport général joint à la procédure l'atteste, dès la matinée du 19, et par des renseignemens multipliés, arrivés de toutes parts, qu'il y aurait de nombreux rassemblemens dans la soirée du lundi, à l'occasion des illuminations, que les désordres déjà signalés dans la soirée du 18, à l'occasion de la première, devaient se reproduire sous un caractère aggravant; que des dispositions préventives étaient nécessaires, non pour troubler ni empêcher la joie publique, mais pour réprimer ces désordres, et pour prévenir les atteintes à la sûreté des personnes et des propriétés.

L'arrêté consulaire du 12 messidor an 8, que M. le préfet de police connaît si bien, et qu'il invoque avec tant de complaisance, souvent en lui donnant une extension que le texte ne comporte pas, ne dit-il pas que le préfet doit réprimer le vagabondage, arrêter les gens sans aveu, et les envoyer aux maisons de dépôt (Art. 5); qu'il prendra des mesures propres à *prévenir* ou à dissiper les attroupemens et réunions tumultueuses, ou menaçant la tranquillité publique (Art. 10); qu'il doit surveiller la distribution et la vente des poudres et salpêtres, et feux d'artifice (Art. 13). N'est-il pas chargé d'empêcher que les maisons en construction ne restent, pendant la nuit, ouvertes aux malfaiteurs, de faire déblayer les rues (Art. 21 et 22)?

La loi n'a-t-elle pas mis à sa disposition de nombreux agens pour le seconder dans son administration (Art. 35 et 38)? n'est-il pas chargé de faire arrêter tous les individus non domiciliés, surpris en flagrant délit sur la voie publique (Art. 39)?

M. le directeur-général de la police, avec lequel il a été en correspondance continuelle, de moment à moment, pendant ces fatales journées, n'a-t-il pas dû lui rappeler ses devoirs, sinon n'est-il pas complice et responsable lui-même ?

Il résulte de l'instruction, que le préfet de police n'a publié d'ordonnance contre les attroupemens qu'à l'entrée de la nuit, dans la soirée du mardi, 20 novembre ; et que les victimes des massacres de cette soirée n'en ont eu aucune connaissance ; qu'ainsi elle n'a produit son effet que le mercredi 21, journée où les troubles cessèrent par l'attitude de tous les bons citoyens, l'intervention de la députation de Paris auprès de M. le président du Conseil, et la députation faite à M. Delavau, par un grand nombre de citoyens.

S'il eût publié cette ordonnance d'après les avis qu'il convient avoir reçus dans la matinée du lundi 19, quatre citoyens n'auraient pas perdu la vie sur les barricades, un grand nombre n'auraient pas été sabrés et frappés de coups de feu dans les rues : le domicile des citoyens n'eût pas été violé ; une mère n'aurait pas eu la douleur de voir son jeune fils frappé à sa fenêtre par une balle, tomber dans ses bras dangereusement blessé : la sécurité des familles n'eût pas été troublée. La France eût achevé paisiblement les élections commencées sous de si heureux auspices.

Votre cœur paternel, Sire, n'aurait pas gémi des nouvelles sanglantes qui lui parvenaient, et n'aurait pas conçu des alarmes sur des scènes de révolution, si éloignées de nos mœurs et de nos desirs.

La précédente administration avait besoin de cet éclat pour se soutenir contre la reprobation générale dont elle était frappée, et elle en a profité pour essayer de frapper de terreur les grands collèges, en faisant annoncer que Paris était à feu et à sang, et que la garde nationale avait tiré sur la force armée, infâme calomnie répandue à Bordeaux et ailleurs, et qui n'a été dissipée qu'après la consommation des opérations électorales.

Au reste, ce n'est pas sans fondement que le bon sens public a soupçonné que la police n'était pas étrangère aux évènemens dont nous avons été les tristes spectateurs.

Il est prouvé par l'instruction, que dans la soirée du 19, aucun individu appartenant à la classe honnête de la population n'a participé à la construction des barricades, et aux provocations, à coups de pierre, qui ont amené l'action de la force publique (1); il est prouvé que d'aucune maison habitée ne sont partis des coups de feu ni jets de pierres ou autres objets, comme on l'a si souvent répété : qu'ainsi la provocation a été concentrée dans les auteurs des barricades, et dans cette tourbe de polissons qui ont jeté des pétards, et ont parcouru les rues de Paris jusqu'à la place Vendôme avec des flambeaux (2).

Il est prouvé par une foule de déclarations, que des agens de police, cachant leur ceinture, se trouvaient mêlés aux barricadeurs; que même l'un d'eux a provoqué la troupe à la défection. (Interrogatoire du sieur Siau, sous-lieutenant du 18e régiment, 20 décembre 1827. Déposition du capitaine Mouiller, du 10 décembre. Déposition du sous-lieutenant Delaroche, du 27 décembre. Déposition du lieutenant Doazan, du 8 janvier.).

(1) M. Mesnard, chevalier de Saint-Louis, voyant les hommes en bonnet de coton blancs, qui jétaient des pierres aux carreaux, fut étonné de la tranquillité du poste de gendarmerie de la Halle, près duquel ces scènes se passaient, de même que devant le poste de la rue Mauconseil qui ne fit aucune démonstration pour s'opposer à ce désordre. Le témoin n'a pas compris qu'on pût construire si *tranquillement* la barricade près la rue de la Truanderie.

Robineau, docteur (26 décembre), ne concevait pas l'imprudence de la police qui *laissait faire* les barricades.

21 Novembre, déposition de François Nicolas Guérondel : Il en résulte que des gens du peuple de fort mauvaise mine, ont parcouru la rue en proférant des cris, et que personne, ne s'occupait de les arrêter.

Boulard (4 novembre), a déposé que ces scènes avaient lieu rue Saint-Martin, depuis 7 heures : que les perturbateurs étaient des *hommes en blouze de maçons*, et que la force armée n'arriva qu'à 11 heures.

(2) *Voy.* le rapport de M. le colonel Fitz-James, du 21 novembre. Cet officier supérieur, qui a commandé le 37e régiment dans les journée du 20, s'est conduit avec beaucoup de modération.

Il résulte de ces dépositions, que l'un de ces agens a aidé à la construction de la première barricade, et que ces barricades étaient faites avec beaucoup d'art. Il y a un fait bien plus extraordinaire et plus inexplicable. Le commissaire de police Galleton, qui a figuré à la tête des troupes dans la journée du 20, a éte reconnu par M. Placide Justin, près le passage du Grand-Cerf et la barricade de la rue Grenétat, vers les 10 heures, au moment où celle de Saint-Leu s'achevait; celle du passage du Grand-Cerf commençait; il était sans insignes; il y est resté vingt minutes, et s'est retiré vers la porte Saint-Denis, au moment où la barricade de la rue Grenétat fut commencée. (Déposition de M. Justin, le 13 décembre); il a nié le fait et a prétendu qu'il n'avait pas quitté la porte Saint-Denis, et le corps du colonel Divonne mais ayant été confronté avec M. Justin et avec M. Mercier le 25 janvier, il est convenu qu'il était descendu dans la rue Saint-Denis jusqu'au n°. 261. Le magistrat interrogateur lui a fait remarquer que la maison n°. 261 est tout près la barricade Grenétat. Du reste M. Justin a affirmé bien connaître le commissaire Galleton et ne pas s'être mépris; son témoignage est corroboré par celui de Mercier et de M. Delasalle. (25 janvier).

Les agens de police étaient occupés, dans la matinée du 20, à faire disparaître des maisons, rue Saint-Denis, les traces des balles, pour soutenir qu'on n'avait tiré qu'à poudre. (même déposition.)

L'ex-préfet de police fut averti du fait qu'un individu (le sieur Durupt) pris dans la rue pour agent de police, avait été se réfugier au poste de la rue Mauconseil. (Lui-même déclare qu'il a reçu cet avis entre huit et neuf heures.) Et de suite il envoya cinquante hommes de gendarmerie à cheval. Le commandant de cette gendarmerie (le chef d'escadron Roeisch) déclare dans son rapport que dans son retour à la place du Châtelet, il eut SOUPÇON QU'ON FAISAIT UNE BARRICADE.

Au lieu d'y marcher avec sa troupe (1) pour l'empêcher, il revint paisiblement à la place du Châtelet, puis abandonna son commandement, et alla s'enfermer dans le cabinet du préfet.

Depuis près de quarante ans, depuis deux siècles peut-être, c'est la première fois qu'on a revu dans Paris des barricades. Comment ce soupçon a-t-il donc pu venir au commandant de la gendarmerie ?

Avant son expédition, il avait conféré avec l'ex-préfet. Est-ce que celui-ci aurait eu le même soupçon ?

Cela se conçoit, si des agens de police ont concouru à leur construction. Mais alors on peut en conclure que la première barricade a été faite à la connaissance du préfet. La conséquence est irrésistible.

On ne conçoit pas comment le préfet, qui avait mis une si grande diligence à faire marcher un corps à cheval au secours

(1) Le témoin *Avioclat* (4 décembre). « Si une patrouille se fût présentée, le désordre eût cessé. Il eut la pensée de parler de ces scènes de désordre à un officier commandant un corps de troupes, mais il réfléchit qu'il était impossible qu'on les ignorât. »

Le même jour mardi 20, un homme revêtu de l'uniforme des chasseurs de la garde, foulait aux pieds son bonnet de police, en proférant des termes outrageans à la garde royale, et en parlant de Napoleon..... un gendarme fendit la foule, regarda l'homme, et s'en retourna sans l'arrêter.

Michel Bertaux. — Les barricades étaient construites par des gens mal vêtus : deux individus, bien mis de *couleur foncée,* semblaient leurs chefs; ils donnaient des instructions, et se concertaient avec un troisième individu, mis de même, lequel est venu plusieurs fois parler aux gendarmes, qui passaient aux coins des rues aux Ours et Mauconseil.

Cresson. — A la barrière de Rochechouart, un grand nombre d'individus buvant et chantant des chansons séditieuses semblaient obeir à un individu qui avait l'air d'un *mouchard*, ils vinrent au cafe, place Cadet, en face du corps-de-garde, puis ils burent et depensèrent assez d'argent, il leur restait encore 40 francs, disaient-ils. Le directeur leur dit : Il n'est pas encore temps, nous n'irons à la place Vendôme qu'à 9 heures

Avıolat. (4 décembre). Au milieu d'enfans de 15 à 20 ans, il aperçut une personne plus âgée qui les excitait à continuer l'operation des barricades, à laquelle ils avaient renonce

Théophile-Louis. — (4 janvier). Vers 7 ou 8 heures, (lundi ou mardi), il vit passer un homme très-grand, habillé en noir, qui allait très-vite dans la rue, en criant : Fermez vos boutiques, voilà le faubourg Saint-Antoine et le faubourg Saint-Marceau qui descendent Il precedait une dixaine d'enfans, qui lançaient des pierres dans les carreaux.

de l'agent de police, qu'il croyait compromis au poste de la rue Mauconseil, en ait mis si peu à empêcher les barricades, et que les troupes ne soient arrivées qu'assez long-temps après qu'elles étaient terminées.

Dans la journée du 20, cette manœuvre a été bien autrement évidente. On a donné un faux avis au général Montgardé, qui a été se promener avec sa troupe de la place du Châtelet au Palais-Royal et à la porte Saint-Denis, tandis qu'à cinq minutes de chemin du point de départ (nous avons mesuré le terrain à pied) on formait trois barricades, que lui-même (le général Montgardé) déclare avoir été faites avec beaucoup d'art, au point qu'il a fallu sapeurs, fusillades et marches à la baïonettes pour les enlever successivement.

Comment se fait-il aussi que le colonel Divonne, qui était de l'autre côté de la porte Saint-Denis, n'en ait pas eu connaissance?

A qui fera-t-on croire que les innombrables agens de police qui, dans les jours de trouble, se concentrent sur les points menacés, n'aient pas vu les premiers essais de barricades, qu'ils ne l'aient pas rapporté, et que la nouvelle n'en soit pas parvenue sur-le-champ au préfet? Le soupçon extraordinaire, survenu au commandant Roeisch, exige des explications nettes et précises devant la justice.

Il est certain que de la préfecture de police à la première barricade, il n'y a que sept à huit minutes de chemin pour un homme à pied. Ainsi le fait de la construction sans obstacle des barricades est inexplicable.

Comme il est hors de doute que les agens de police étaient sur ce point, qu'ils ne l'ont pas empêché, et qu'il y a à ce sujet des dépositions d'officiers de la ligne (les gendarmes et leurs officiers en ont presque toujours imposé à la justice; leur imposture est constatée par l'instruction écrite) qui déposent de leur concours; comme on a vu sur ce point paraître une bande d'individus de mauvaise mine, couverts de bonnets et de tabliers étrangers au quartier; comme un gendarme, le sieur Tricon (1), dépose qu'un de ces individus était déguisé; comme le général Montgardé dépose de la disparution d'un individu revêtu d'une redingotte blanc-fauve tombé parmi les blessés entre les barricades, et que l'on n'a pu retrouver; comme il résulte des dépositions que plusieurs des provocateurs ont déclaré aux officiers de la ligne avoir reçu cinquante sous, qu'ils ont dit : *laissez-nous gagner notre argent* (2); — Il y a donc des présomptions graves, précises et concordantes; il y a presque certitude acquise, que la police a trempé dans ces provocations.

Qui a donné l'argent? est-ce le comité directeur? où est ce comité? quels en sont les membres? quel intérêt avaient-ils à troubler Paris, quand l'urne électorale proclamait presque partout le triomphe de leur opinion?

Est-ce la police? Il y a preuve au procès qu'on a donné des gratifications aux gendarmes, même à ceux qui n'avaient pas été blessés; le brigadier Raffeleu, (3 janvier) et Taillard *idem*, ont d'abord nié et ensuite avoué tout.

Il est prouvé au procès que cet argent a été payé sur les fonds de la police (3).

Une administration honorable paierait-elle des gratifications pour le sang français versé par des mains françaises?

(1) 8 janvier.

(2) Déposition du gendarme Brocard, 8 janvier.

(3) Ordre du jour du commandant de la gendarmerie vicomte de Foucault, du 26 novembre; les adjudans ont reçu 20 fr.; les maréchaux de logis, 15 fr.; les brigadiers, 8 fr., et les simples gendarmes, 6 fr.

Le vicomte de Foucault, dans sa lettre au procureur-général, du 2 décembre, a fait un pompeux éloge de la gendarmerie à cheval, qui, dit-il, est en butte à l'animadversion d'une certaine partie de la population de Paris, puisqu'on a crié *vive la ligne*, nous ne voulons pas de gendarmes!

« Je déclare qu'il y a eu, soit prémédité, soit spontané, un complot formé et exécuté contre la gendarmerie à cheval, à l'aide de barricades. »

« Le deuxième jour, le complot a été évidamment prémédité. »

A ces présomptions se joignent les suivantes. Le commissaire de police Boniface a déclaré, le 29 novembre, que l'ex-préfet avait donné ordre ce soir-là de ne pas constater les contraventions aux lois, commises par le jet d'artifices.

Mais tous les bons citoyens n'ont-ils pas blâmé ces excès? Mais la police, instituée pour rechercher et même pour prévenir les délits, et en livrer les auteurs aux tribunaux, peut-elle donner l'ordre de laisser ces faits impunis ?

De légers désordres ne conduisent-ils pas à de plus graves? Celui qui, contre les lois, tolère les premiers, ne se rend-il pas responsable des derniers?

Si un journal se permettait de dire, qu'on peut tirer des pièces d'artifice dans les rues, aux jambes et à la tête des passans, ne le poursuivrait-on pas pour provocation à la désobéissance aux lois?

La conduite des commissaires de police et de leurs agens en pareille circonstance est plus qu'extraordinaire. Il résulte de la déclaration (1) du sieur Bouvyer, capitaine d'état-major, commandant le 37e régiment de ligne, le seul qui ait ordonné le feu dans la soirée du 19 novembre, au débouché de la rue Grenetat, et dont les balles sont venues jusqu'au corps du 18e, commandé par le noble et généreux Darracq, qu'il était accompagné d'un de ces agens sans insigne; il a ordonné le feu d'après sa suggestion.

Cet évènement, le plus grave de la journée du 19, n'a été commandé par aucune nécessité, puisque le commandant Darracq, qui se trouvait absolument dans la même situation, et qui était provoqué par des pierres, a retracté l'ordre de faire feu, donné par le colonel Divonne, et qu'il n'en a pas moins enlevé la barricade, sans effusion de sang! Si le capitaine Bouvyer est excusable, la responsabilité doit retomber sur l'agent de police; mais il faut que cet agent soit représenté, ainsi que l'ordre allégué par Bouvyer

(1) Interrogatoire du 8 déc. 1827.

pour son excuse, ordre d'ailleurs qui ne dispensait pas des trois sommations et du roulement de tambour, nécessaires pour donner aux bons citoyens le temps de se retirer.

Des agens de police ont félicité un officier de gendarmerie d'avoir frappé un bourgeois sans défense, après la prise de la barricade. (Déposition du sous-lieutenant Siau, 20 décembre.)

Des agens de police qui accompagnaient les détachemens expédiés par M. de Labouterie de la place du Châtelet, dans la soirée du 19, au moment de l'attaque des barricades, les ont abandonnés sans ordre et presque aussitôt. (Déposition du 12 décembre.)

L'agent de police qui accompagnait le capitaine Mouiller, commandant le détachement de la gauche, a voulu lui persuader qu'on avait tiré un coup de feu sur sa troupe, fait que le capitaine a déclaré faux. (Déposition de du 10 décembre.)

Le lieutenant Doazan a fait remarquer aux agens de police qui l'entouraient, deux individus jetant des pierres dans la rue Mauconseil; ils ne les arrêtèrent pas, malgré le flagrant délit, et ils n'en prirent pas même note, ce que le lieutenant fit remarquer à son capitaine. (Déposition du 8 janvier.)

Deshorties, commandant un détachement de deux cents hommes, le 20 novembre, a déposé qu'un commissaire de police lui avait fait reproche de ne pas tirer et qu'il s'y était refusé. Combien de malheurs seraient arrivés d'une décharge de deux cents soldats!

Quel rapport, dira-t-on, ces faits ont-ils avec l'ex-préfet de police?

D'abord, il y a présomption que les agens immédiats n'ont agi que par ses ordres.

En second lieu, il y a déclaration formelle que le préfet a distribué à chacun d'eux des ordres particuliers. Tous en déposent.

Il est vrai qu'aucun de ces ordres n'est joint à la procédure; mais c'est ce qui motivera les conclusions que nous allons prendre.

L'ex-préfet a voulu soustraire la force armée et la gendarmerie à l'autorité judiciaire, en les plaçant sous le commandement de l'autorité militaire(1); mais il s'est trompé. La force armée ordinaire appelée comme auxiliaire pour un service de police, est justiciable des tribunaux institués par la loi pour rendre aux citoyens la justice qui leur est rendue.

Or, que ce soit le magistrat de police qui ait tout dirigé? Cela résulte de son aveu consigné dans le rapport sommaire général joint à la procédure, d'après la remise qu'il en a faite, et qui est constatée par un procés-verbal dressé par M. le premier président Séguier.

Les armes ont été chargées en sa présence dans la cour de la préfecture. (Déposition du 19 novembre; autre du gendarme Cantegril du 24 janvier, et du gendarme Cabaret, le 18 janvier (2).

Le commandant en chef de la gendarmerie, Roesch, ainsi que le commandant en chef de la troupe de ligne, le colonel Divonne, ont reçu les ordres directs du préfet, ainsi qu'ils l'ont déclaré.

L'aide-major Delabouterie, invité à prendre le commandement à condition de les observer, a refusé, et il a été remplacé par le capitaine d'état-major Bouvyer. (Déposition du 12 décembre.)

Bouvyer s'excuse d'avoir fait feu sur l'ordre à lui donné par un agent de police (3).

(1) Lettre du prefet de police au général Montgardé commandant la division par intérim, 19 novembre dans la journée — *idem* le 20 — Les ordres originaux existent. En conséquence, ordre du commandant de la place de faire marcher les troupes. — Lettre de M. Allouis sous-chef d'état-major, 20 décembre.

Par là, M. le préfet de police se menageait sans doute le droit de faire la réponse qu'il a adressée dans la nuit du 19 au 20 novembre à M. le colonel Divonne, et à M. Delabouterie aide-major de la place, qui en a déposé devant M. le premier président, le 12 décembre. — Après le récit des événemens de la soirée, à trois heures du matin, le prefet s'écrie : « Ah ! ah, on ne di a pas cette fois que c'est la police qui a fait cela; c'est bien vous, messieurs, qui avez tout fait. »

(2) Est-il d'usage de charger ainsi les armes d'avance, demandent les magistrats instructeurs? Depuis deux ans que je suis dans la place, repond l'aide-major, je ne l'ai pas vu pratiquer On se contente de déployer la force.

(3) M Labouterie a déposé dans une lettre du 18 décembre, que M. d'Origny de l'état-major,

M. Bréa, chef de bataillon d'état-major, a déposé, le 20 décembre, qu'il a été porter le soir du 20 novembre, à sept heures et demie, un ordre du préfet pour le général Mon gardé, commandant la division.

Le commissaire de police Boniface avait reçu l'ordre de ne pas constater les contraventions; Foubert, autre commissaire, avait reçu l'ordre de rester chez lui; Vaissade, qui a requis l'usage de la force dans la soirée du 19, a reçu un ordre par écrit du préfet à sept heures du soir. Mazug et Chevreau en ont reçu également qu'ils ne produisent pas (1).

Pour terminer l'exposé des charges qui pèsent sur l'ex-préfet ;

Il a négligé de faire enlever dans la nuit du 19, et même du 20 novembre, les matériaux des deux maisons en construction qui ont servi à la formation des barricades (2).

Les lois de police veulent qu'aucune maison sur la voie publique ne reste ouverte la nuit, parce qu'elle servirait de refuge aux malfaiteurs; c'est le principe qu'on a invoqué pour soutenir qu'on avait eu le droit de démolir la chaumière de Clichy.

Cette chaumière n'était pas dans Paris; elle ne servait pas de point d'attaque contre la force armée, et de matériaux pour élever des retranchemens.

Le Préfet de Police a oublié encore ici le premier de ses devoirs.

Ce magistrat a donné de son cabinet des ordres sanguinaires (3), a entendu un agent de police faire la sommation à l'attaque des palissades le 20, et commander le feu.

(1) Interrogatoire du 3 janvier.

(2) Cependant il en avait reçu la très-pressante invitation, et même celle de faire murer ces maisons, par le colonel Divonne, le lundi dans la nuit. Déposition de l'aide-major Labouterie, du 12 décembre, devant M. le premier président.

(3) L'aide-major Labouterie dépose qu'ordinairement on ne charge les armes qu'au moment de nécessité, et qu'il a dissipé les attroupemens qui, dans la soirée du 19, se portaient du côté de la place du Châtelet, où il était stationné, uniquement par le déploiement de la force et sans avoir fait tirer.

que le lieutenant Bouvyer n'a que trop fidèlement exécutés, que le colonel Divonne aurait exécutés lui-même, s'il n'en avait été empêché par la courageuse résistance du commandant Darracq; il n'a pas donné au capitaine Bouvyer ni aux deux autres corps, pour les accompagner, des officiers civils revêtus d'un caractère public.

Il ne peut pas alléguer la nécessité de rester à la préfecture pour faire face à tout; car aucune autre partie de la capitale n'était troublée; d'ailleurs le directeur-général Franchet était à son poste(1).

Si ce magistrat de police eût été présent, il aurait lui-même empêché l'exécution de ses ordres, en voyant que la force armée n'avait affaire qu'à une poignée de misérables, retranchés dans une seule maison.

L'ex-préfet était averti par les circonstances des funérailles de Manuel du danger de pareils ordres; lorsque le char funèbre marchait paisiblement depuis deux heures; il avait donné l'ordre de fermer le passage au convoi; si les citoyens et les commandans de la force armée n'eussent été plus sages que lui, des flots de sang auraient coulé.

Enfin pour résumer ces premiers griefs, nous demanderons comment il se fait qu'aucun des agens provocateurs n'ait été mis sous la main de justice. Il est constant par les rapports des commissaires, que la population était paisible dans les rues jusqu'à dix heures et demie dans la soirée du 19.

(1) Le ministre de la guerre était aussi à son poste. Le 20, il écrit au général Montgardé, qu'il est informé que des perturbateurs sont dans l'intention de tenter le soir un coup de main. « Il faut, dit S. E. vous mettre en mesure de le rendre *décisif contre eux*, si l'affaire s'engage .., « que par un vigoureux coup de collier, la garde appuie la ligne, si la nécessité des choses « arrive là; vous vous concerterez avec le préfet de police, pour que toutes les formes légales, « conservatrices soient observées, quoique le délit soit flagrant. . Vous ferez donner 10 car- « touches à vos bataillons. *Signé* CLERMONT-TONNERRE.

Dans son ordre au colonel Divonne du même jour, le général divisionnaire, recommanda de ne faire usage de la force qu'à la dernière extrémité; s'il y était réduit il balaiera les rues à la bayonnette et par des charges de cavalerie, *reservant le feu*, qu'il serait forcé de diriger aux fenêtres des maisons, au seul cas d'agression de la part des habitans, evitant de faire tirer dans les enfilades de rues où *les troupes* pourraient se rencontrer.

Le lendemain, dès huit heures du soir, des bandes nombreuses circulaient dans Paris; le *Moniteur* prétend que toutes ont échappé.

A qui persuadera-t-on que la police soit dépourvue de moyens, au point de ne pas saisir qui elle veut.

Les gendarmes Jeaumare, le 16 janvier, Tricon, le 8 janvier, et d'autres, disent que ces agens provocateurs ont été arrêtés et remis aux mains des commissaires, et envoyés à la préfecture. Il ne paraît pas résulter de l'instruction qu'aucun soit resté sous la main de la justice (1). Le lieutenant Siau a expliqué que les provocateurs étaient dirigés par les agens de police, qui allaient et venaient, et communiquaient avec eux, en présence de la troupe.

Tel est l'aspect actuel de cette grande instruction. La vérité n'est pas connue tout entière sans doute; mais la justice est sur ses traces.

Cette justice est arrêtée, SIRE, par le refus que l'ex-préfet de police a fait à MM. les Commissaires de la Cour de subir interrogatoire, et par l'impossibilité où elle s'est trouvée de mander devant elle l'ex-directeur-général de la police, le sieur Franchet.

Ils se retranchent dans leur qualité d'administrateurs; ils se cachent derrière la barrière établie par l'art. 75 de la constitution de l'an 8; M. Delavau s'est borné à remettre à la Cour un rapport sommaire et général de lui, non certifié, des événemens des 18, 19, 20 et 21 novembre, adressé à S. E. le Ministre de l'Intérieur.

Il transmet ce document informe rédigé après coup pour se justifier des charges qui pèsent contre lui.

(1) Le lieutenant-colonel Goazau, a demandé au commissaire de police Mazug, à l'état-major de la place, pourquoi, parmi les 280 individus munis de flambeaux, qui étaient passés devant la maison Lafitte, et qui troublaient les rues, il faisait arrêter les uns et relâcher les autres, « Ce sont des gens que je connais, » répond le commissaire (déposition du 21 décembre). Déposition du sous-lieutenant de *Kerigant*, du 14e, 22 décembre. — Ces individus étaient comme ceux de la rue Saint-Denis, couverts de tabliers et de bonnets de coton, (déposition de Mazug, 3 janvier.)

Il se garde bien de produire les ordres spéciaux qu'il a délivrés successivement dans la journée du 19 et dans celle du 20 novembre, ainsi que les instructions qu'il a reçues du directeur-général, avec lequel il est resté en communication continuelle, au moyen d'ordonnances, et avec lequel il a d'ailleurs plusieurs fois conféré en personne.

Nous avons une action directe en responsabilité criminelle, ou civile du moins, contre MM. Delavau et Franchet, puisque nous sommes victimes de faits qu'ils pouvaient empêcher, qu'ils paraissent avoir provoqués, et dont nous soutenons qu'ils sont les complices, s'ils ne sont les auteurs principaux.

A ces causes, le sieur Douez conclut à ce qu'il plaise à Votre Majesté, lever, à l'égard de MM. Delavau et Franchet, l'obstacle à la délivrance de tout mandat, tiré de l'art. 75 de la loi de l'an 8, qui paralyse la marche de l'instruction; autoriser le Suppliant à les poursuivre devant les tribunaux, pour obtenir les réparations civiles auxquelles il a droit.

Ordonner, en conséquence, que les pièces de l'instruction seront comme dans l'affaire du sieur Fabry, rapportées au secrétariat du Conseil.

Sauf, après ledit apport et communication des pièces, à plus amplement conclure.

PRODUCTION.

Certificat du greffier de la Cour royale, constatant que le Suppliant est partie civile à l'égard des auteurs et fauteurs des blessures graves qui lui ont été portées dans la soirée du 19 novembre.

ISAMBERT,

Avocat aux Conseils du Roi.

IMPRIMERIE DE H. BALZAC, RUE DES MARAIS S.-G., N. 17.

www.ingramcontent.com/pod-product-compliance
Lightning Source LLC
LaVergne TN
LVHW020507230826
846091LV00008BA/3384

9782011941152